PRAGTIGE KLEIN STER

Geskryf deur

Sylva Nnaekpe

Copyright © 2019 Sylva Nnaekpe.

Alle regte voorbehou. Geen deel van hierdie boek kan deur enige middele, medium, gereproduseer word nie grafiese, elektroniese of meganiese, insluitend photocopying, opname, taping Of deur enige inligting stoorplek onttrekking stelsel sonder die geskrewe toestemming Van die skrywer behalwe in die geval van kort aanhalings in kritiese artikels En resensies.

Boeke kan deur boekwinkels bestel word
deur te kontak Silsnorra Publishing at:
silsnorra@gmail.com

As gevolg van die dinamiese aard van die internet, enige web adres of Skakels wat in hierdie boek vervat is, het dalk sedert publikasie verander En mag nie meer geldig wees nie. Die kyke wat in hierdie werk getoon is Uitsluitlik dié van die skrywer en reflekteer nie noodwendig die aansigte van die uitgewer nie, En die uitgewer disclaims enige verantwoordelikheid vir hulle.

978-1-951792-08-4 (Sagte Oms lag)
ISBN: 978-1-951792-02-2 (Harde Deksel)
ISBN 978-1-951792-29-9 (Elektroniese Baek)

Druk inligting beskikbaar op die laaste bladsy.

Silsnorra Publishing Review Hersien: 10/18/2019

My geboorte ushered in

geluk,

vreugde en lag.

Dit was die mooiste

sig om te sien.

Ek het die mooiste kenmerke:

hare, oë, neus, ore,

tande en mond-net

soos die meeste ander mense.

My hart is vol deernis,

liefde en omgee.

Ek het ' n gedagte

ek kan my eie bel.

Ek is ' n gratis gees-bereid, kan, en gereed om nuwe dinge te leer en te verken.

Bloed loop in my are, en ek gaan deur dieselfde proses van groei en ontwikkeling as die meeste ander kinders. Ek leer om te kruip, praat, sit, staan, stap, en hardloop, net soos baie van die kinders wat ek ontmoet.

Ek geniet die geskenke van die lewe, water, kos, drank, sonlig, die sterre, die sands, en die seisoene - net soos almal.

Ek het baie energie.

Ek is geklee om die

seisoene aan te pak,

en ek is ' n oulike kind.

Ek is omring deur

mense wat omgee

en my wil sien.

Ek sal groei om te wees wat ek wil hê en kies om te wees, met die hulp en ondersteuning van die mense wat my liefhet, om my te gee, en is rondom my.

Ek is geliefd en ek gee om. Sommige dinge mag probeer om ons uitmekaar te skeur, maar ek is seker dat saam, ons kan die wêreld beter maak as wat dit nou is.

My naam is ivry.

Ek is mooi,

En

So is jy.

www.ingramcontent.com/pod-product-compliance
Lightning Source LLC
Chambersburg PA
CBHW051351110526
44591CB00025B/2976